Mein Freund, der Mörder

Arthur Conan Doyle

Writat

Diese Ausgabe erschien im Jahr 2024

ISBN: 9789359941264

Herausgegeben von
Writat
E-Mail: info@writat.com

MEIN FREUND DER MÖRDER

Von A. Conan Doyle

„Nummer 481 ist nicht besser, Doktor", sagte der Oberwärter mit leicht vorwurfsvollem Akzent und blickte um die Ecke meiner Tür.

„Verdammt, 481", antwortete ich hinter den Seiten des *Australian Sketcher*.

„Und 61 sagt, seine Eileiter tun ihm weh. Konnten Sie nichts für ihn tun?"

„Er ist eine wandelnde Apotheke", sagte ich. „Er hat das gesamte britische Arzneibuch in sich. Ich glaube, seine Röhren sind genauso intakt wie Ihre."

„Dann sind da noch Nummer 7 und 108, die sind chronisch", fuhr der Wärter fort und warf einen Blick auf einen blauen Zettel. „Und Nummer 28 hat gestern von der Arbeit abgelassen – er hat gesagt, er hat Seitenstechen bekommen, weil er Sachen gehoben hat. Ich möchte, dass Sie ihn sich ansehen, wenn es Ihnen nichts ausmacht, Doktor. Und Nummer 81 – der, der John Adamson im Corinthian-Gefängnis getötet hat – er hat sich die ganze Nacht über schrecklich aufgespielt, er hat geschrien und gebrüllt, und auch ihn hat man nicht stoppen können."

„Na gut, ich werde ihn mir später ansehen", sagte ich, warf meine Zeitung achtlos beiseite und schenkte mir eine Tasse Kaffee ein. „Sonst gibt es wohl nichts zu berichten, Wärter?"

Der Beamte streckte seinen Kopf ein wenig weiter in den Raum hinein. „Entschuldigen Sie, Herr Doktor", sagte er in vertraulichem Ton, „aber ich sehe, dass 82 ein wenig erkältet ist, und vielleicht wäre das eine gute Gelegenheit für Sie, ihn zu besuchen und mit ihm zu plaudern."

Die Tasse Kaffee blieb auf halbem Weg zu meinen Lippen stehen, während ich erstaunt in das ernste Gesicht des Mannes starrte.

„Eine Ausrede?“, sagte ich. „Eine Ausrede? Wovon zum Teufel reden Sie, McPherson? Sie sehen mich den ganzen Tag in meiner Praxis herumstapfen , wenn ich nicht gerade auf die Gefangenen aufpasse, und jeden Abend hundemüde nach Hause kommen, und Sie reden davon, eine Ausrede zu finden, um noch mehr zu arbeiten.“

„Das würde Ihnen gefallen, Doktor“, sagte Warder McPherson und streckte eine Schulter ins Zimmer. „Die Geschichte dieses Mannes ist es wert, ihr zuzuhören, wenn Sie ihn dazu bringen könnten, sie zu erzählen, obwohl er nicht gerade frei in seiner Rede ist. Vielleicht wissen Sie nicht, wer 82 ist?“

„Nein, das tue ich nicht, und es ist mir auch egal“, antwortete ich, in der Überzeugung, dass mir irgendein lokaler Rüpel als Berühmtheit aufgedrängt werden würde.

Bluemansdyke zum Zeugen der Königin wurde .“

„Das ist nicht dein Ernst?“, rief ich und stellte erstaunt meine Tasse ab. Ich hatte von dieser grausigen Mordserie gehört und einen Bericht darüber in einer Londoner Zeitschrift gelesen, lange bevor ich einen Fuß in die Kolonie setzte. Ich erinnerte mich, dass die begangenen Gräueltaten die Verbrechen von Burke und Hare völlig in den Schatten gestellt hatten und dass einer der schlimmsten der Bande seine eigene Haut gerettet hatte, indem er seine Gefährten verriet. „Sind Sie sicher?“, fragte ich.

„Oh ja, das ist er ganz genau. Wenn Sie ihn nur ein bisschen aus der Reserve locken, wird er Sie in Erstaunen versetzen. Maloney ist ein Mann, den man kennen muss; das heißt, in Maßen.“ Und der Kopf grinste, nickte und verschwand, sodass ich mein Frühstück beenden und über das, was ich gehört hatte, nachdenken konnte.

Der Job eines australischen Gefängnisarztes ist keine beneidenswerte Position. In Melbourne oder Sydney könnte man es vielleicht ertragen, aber die kleine Stadt Perth hat nur wenige Sehenswürdigkeiten, die dafür sprechen, und diese wenigen waren schon lange erschöpft. Das Klima war abscheulich und die Gesellschaft alles andere als angenehm. Schafe und Rinder waren die Hauptnahrung der Gemeinde und ihre Preise, Zucht und Krankheiten das Hauptgesprächsthema. Da ich als Außenseiter weder das eine noch das andere besaß und dem neuen „Dip“ und der „Fäulnis“ und anderen verwandten Themen gegenüber völlig abgestumpft war, befand ich mich in einem Zustand geistiger Isolation und war bereit, alles zu begrüßen, was die Monotonie meines Daseins auflockern könnte. Maloney, der Mörder, hatte zumindest eine gewisse Besonderheit und Individualität in seinem Charakter und könnte wie ein Stärkungsmittel für einen Geist wirken, der die Alltäglichkeiten des Lebens satt hat. Ich beschloss, dem Rat des Wärters zu folgen und die Ausrede zu nutzen, um seine Bekanntschaft zu machen. Als ich also meinen üblichen Morgenrundgang machte , drehte ich das Schloss der Tür um, die die Nummer des Sträflings trug, und ging in die Zelle.

Als ich eintrat, lag der Mann zusammengekauert auf seinem groben Bett, doch er streckte seine langen Gliedmaßen, sprang auf und starrte mich mit einem unverschämten, trotzigen Gesichtsausdruck an, der nichts Gutes für unser Gespräch verhieß. Er hatte ein blasses, starres Gesicht mit sandfarbenem Haar und stahlblauen Augen, deren Ausdruck etwas Katzenhaftes hatte. Er war groß und muskulös, obwohl seine Schultern seltsam gekrümmt waren, was fast einer Missbildung gleichkam. Ein gewöhnlicher Beobachter, der ihm auf der Straße begegnete, hätte ihn vielleicht als einen gut gebauten Mann mit recht gutem Aussehen und fleißigen Gewohnheiten eingeschätzt – selbst in der abscheulichen Uniform der heruntergekommensten Sträflingsanstalt verlieh er seinem

Auftreten eine gewisse Vornehmheit, die ihn von den minderwertigen Schurken um ihn herum auszeichnete.

„Ich stehe nicht auf der Krankenliste", sagte er barsch. Da war etwas in der harten, krächzenden Stimme, das alle sanfteren Illusionen zerstreute und mir klar machte, dass ich Auge in Auge mit dem Mann des Lena Valley und von Bluemansdyke stand , dem blutrünstigsten Buschranger, der je eine Farm überfallen oder ihren Bewohnern die Kehle durchgeschnitten hat.

„Das weiß ich", antwortete ich. „Aber Wärter McPherson hat mir erzählt, Sie seien erkältet, und ich dachte, ich schaue mal vorbei und sehe nach Ihnen."

„Zum Teufel mit Wärter McPherson und zum Teufel mit dir!", schrie der Sträfling in einem Wutanfall. „Oh, das stimmt", fügte er mit ruhigerer Stimme hinzu. „Beeil dich, melde mich beim Gouverneur! Verschaff mir noch sechs Monate oder so – das ist dein Spiel."

„Ich werde Sie nicht melden", sagte ich.

„Acht Quadratfuß Boden", fuhr er fort, ohne auf meinen Protest einzugehen, und steigerte sich offensichtlich wieder in Rage. „Acht Quadratfuß, und das kann ich nicht haben, ohne dass man mit mir redet und mich anstarrt, und – oh, verdammt sei die ganze Bande!" Und er hob seine beiden geballten Hände hoch, seinen Kopf und schüttelte sie in leidenschaftlicher Beschimpfung.

„Sie haben eine merkwürdige Vorstellung von Gastfreundschaft", bemerkte ich, entschlossen, nicht die Fassung zu verlieren, und sagte fast das Erste, was mir über die Lippen kam.

Zu meiner Überraschung hatten diese Worte eine außergewöhnliche Wirkung auf ihn. Er schien völlig verblüfft darüber, dass ich die Behauptung aufstellte, die er so hartnäckig vertreten hatte – nämlich, dass der Raum, in dem er stand, sein eigener sei.

„Entschuldigen Sie“, sagte er. „Ich wollte nicht unhöflich sein. Wollen Sie nicht Platz nehmen?“ Und er deutete auf einen groben Bock, der das Kopfteil seiner Couch bildete.

Ich setzte mich, ziemlich erstaunt über die plötzliche Veränderung. Ich weiß nicht, ob mir Maloney in diesem neuen Licht besser gefiel. Der Mörder war zwar für einen Augenblick verschwunden, aber in dem sanften Ton und der unterwürfigen Art lag etwas, das stark an die Zeugenaussage der Königin erinnerte, die aufgestanden war und das Leben seiner Mittäter geschworen hatte.

„Wie geht es Ihrer Brust?“, fragte ich und gab mir dabei eine professionelle Miene.

„Kommen Sie, lassen Sie es, Doktor – lassen Sie es!“, antwortete er und zeigte eine Reihe weißer Zähne, als er seinen Platz auf der Bettkante wieder einnahm. „Es war keine Sorge um meine kostbare Gesundheit, die Sie hierher geführt hat; diese Geschichte ist überhaupt nicht glaubwürdig. Sie sind gekommen, um sich Wolf Tone Maloney anzusehen, den Fälscher, Mörder, Sydney-Schleichmeister, Ranger und Regierungschef. So ungefähr sehe ich aus, nicht wahr ? Da steht es, klar und deutlich; an mir ist nichts Gemeines.“

Er hielt inne, als erwarte er, dass ich etwas sage. Als ich jedoch weiter schwieg, wiederholte er ein- oder zweimal: „Ich bin überhaupt nicht gemein.“

„Und warum sollte ich nicht?“, schrie er plötzlich, seine Augen funkelten und seine ganze satanische Natur kam wieder zum Vorschein. „Wir mussten alle zusammen ins Schlingern geraten, und sie waren nicht schlimmer dran, wenn ich mich gegen sie wandte und mich rettete. Jeder für sich, sage ich, und der Teufel holt den Glücklichsten. Sie haben doch nicht eine Packung Tabak, Doktor, oder?“

Er riss das Stück „Barrett’s“, das ich ihm reichte, mit der Gier eines wilden Tieres auf. Es schien seine Nerven zu beruhigen, denn er legte sich ins Bett und nahm wieder seine frühere abschätzige Haltung an.

„Das würde Ihnen selbst nicht gefallen, wissen Sie, Doktor“, sagte er. „Es reicht aus, um jeden Mann ein wenig merkwürdig zu machen. Ich sitze dieses Mal wegen Körperverletzung für sechs Monate im Gefängnis und werde es sehr bedauern, wieder rauszukommen, das kann ich Ihnen sagen. Hier drinnen bin ich beruhigt, aber wenn ich draußen bin, habe ich wegen der Regierung und wegen Tattooed Tom aus Hawkesbury keine Chance auf ein ruhiges Leben.“

„Wer ist er?“, fragte ich.

„Er ist der Bruder von John Grimthorpe , derselbe, der aufgrund meiner Aussage verurteilt wurde; und er war auch ein teuflischer Schurke! Beide sind Ausgeburten des Teufels! Dieser Tätowierte ist ein mörderischer Rüpel, und er schwor nach diesem Prozess, mein Blut zu wollen. Es ist sieben Jahre her, und er folgt mir immer noch; ich weiß, dass er es tut, obwohl er sich versteckt und im Dunkeln bleibt. Er kam 1975 in Ballarat auf mich zu; Sie können hier auf meinem Handrücken sehen, wo mich die Kugel gestreift hat. 1976 versuchte er es noch einmal in Port Philip, aber ich kam ihm zuvor und verwundete ihn schwer. 1979 erstach er mich jedoch in einer Bar in Adelaide, und damit war unser Kontostand ungefähr ausgeglichen. Er lungert jetzt wieder herum und lässt Tageslicht in mich hinein – es sei denn – es sei denn durch einen außergewöhnlichen Zufall tut jemand dasselbe für ihn.“ Und Maloney lächelte sehr hässlich.

„Ich beklage mich nicht so sehr über *ihn* “, fuhr er fort. „Wenn man es aus seiner Sicht betrachtet, ist es zweifellos eine Art Familienangelegenheit, die kaum vernachlässigt werden kann. Es ist die Regierung, die mich holt. Wenn ich daran denke, was ich für dieses Land getan habe, und dann daran, was dieses Land für mich getan hat, macht mich das ziemlich verrückt – Sauberkeit treibt mich in den Wahnsinn. Es gibt keine Dankbarkeit und keinen Anstand mehr, Doktor!“

Er grübelte ein paar Minuten über seine Fehler nach und legte sie mir dann im Detail dar.

„Hier sind neun Männer", sagte er. „Sie haben drei Jahre lang gemordet und getötet, und vielleicht ist ein Leben pro Woche nicht mehr als der Durchschnitt für die Arbeit, die sie geleistet haben. Die Regierung erwischt sie und stellt sie vor Gericht, aber sie können sie nicht verurteilen. Und warum? Weil allen Zeugen die Kehlen durchgeschnitten wurden und die ganze Arbeit sehr sauber erledigt wurde. Was passiert dann? Ein Bürger namens Wolf Tone Maloney kommt herein und sagt: ‚Das Land braucht mich, und hier bin ich.' Und damit legt er seine Aussage ab, verurteilt alle und ermöglicht es den Schnäbeln, sie aufzuhängen. Das habe ich getan. Ich bin nicht gemein! Und was tut das Land jetzt im Gegenzug? Es verfolgt mich, Sir, spioniert mich aus, beobachtet mich Tag und Nacht und wendet sich gegen genau den Mann, der so hart für es gearbeitet hat. Das hat jedenfalls etwas Gemeines. Ich habe nicht erwartet, dass sie mich zum Ritter schlagen oder mich zum Kolonialsekretär machen, aber verdammt noch mal! Ich hatte damit gerechnet, dass sie mich in Ruhe lassen!"

„Nun", protestierte ich, „wenn Sie sich dazu entschließen, Gesetze zu brechen und Menschen anzugreifen, können Sie nicht erwarten, dass das aufgrund früherer Dienste übersehen wird."

„Ich meine nicht meine derzeitige Inhaftierung, Sir", sagte Maloney würdevoll. „Es ist das Leben, das ich seit diesem verfluchten Prozess führe, das mir die Seele raubt. Setzen Sie sich einfach auf diesen Bock, und ich erzähle Ihnen alles darüber. Und dann schauen Sie mir ins Gesicht und sagen Sie mir, dass ich von der Polizei fair behandelt wurde."

Ich werde versuchen, die Erlebnisse des Sträflings in seinen eigenen Worten wiederzugeben, soweit ich mich daran erinnern kann, und dabei seine eigentümlichen Verdrehungen von Recht und Unrecht zu bewahren. Ich kann für die Wahrheit seiner Tatsachen einstehen, was auch immer über seine Schlussfolgerungen aus ihnen gesagt werden mag. Monate später zeigte mir Inspektor HW Hann, früherer Gefängnisdirektor von Dunedin, Einträge in seinem Hauptbuch, die jede Aussage bestätigten. Maloney spulte die Geschichte mit dumpfer, monotoner Stimme herunter, mit auf die Brust gesenktem Kopf und den Händen zwischen den Knien. Das Glitzern seiner schlangenartigen Augen war das einzige Zeichen der Emotionen, die durch die Erinnerung an die Ereignisse, die er erzählte, in ihm aufkamen.

Sie haben von Bluemansdyke gelesen (er begann mit etwas Stolz in der Stimme). Wir haben es heiß gemacht, solange es dauerte; aber sie haben uns schließlich an den Rand gedrängt, und eine Falle namens Braxton mit einem verdammten Yankee hat uns alle mitgenommen. Das war natürlich in Neuseeland, und sie haben uns nach Dunedin gebracht, und dort wurden sie verurteilt und gehängt. Sie haben alle ihre Hände auf die Anklagebank erhoben und mich verflucht, bis Ihnen das Blut in den Adern gefror, wenn Sie ihnen zuhörten – was eine schändliche Behandlung war, wenn man bedenkt, dass wir alle Freunde gewesen waren; aber sie waren ein Haufen Schurken und dachten nur an sich selbst. Ich denke, es ist genauso gut, dass sie gehängt wurden.

Sie brachten mich zurück ins Gefängnis von Dunedin und steckten mich in die alte Zelle. Der einzige Unterschied war, dass ich keine Arbeit zu tun hatte und gut ernährt wurde. So hielt ich es ein oder zwei Wochen aus, bis eines Tages der Gouverneur seine Runde machte und ich ihm die Sache vorlegte.

„Wie ist das?“, fragte ich. „Meine Bedingungen waren eine Begnadigung und Sie halten mich entgegen dem Gesetz hier fest.“

Er lächelte so etwas wie: „Möchten Sie unbedingt aussteigen?“, fragte er.

„So sehr", sagte ich, „dass ich Sie wegen unrechtmäßiger Freiheitsberaubung verklagen werde, wenn Sie die Tür nicht öffnen."

Er schien über meine Entschlossenheit etwas erstaunt zu sein.

„Sie haben große Angst davor, zu sterben", sagte er.

„Was meinst du ?", fragte ich.

„Kommen Sie her, dann wissen Sie, was ich meine", antwortete er. Und er führte mich den Gang entlang zu einem Fenster, das auf die Tür des Gefängnisses hinausging. „Sehen Sie sich das an!", sagte er.

Ich schaute hinaus und sah, dass draußen auf der Straße etwa ein Dutzend rau aussehende Kerle standen. Einige rauchten, andere spielten auf dem Bürgersteig Karten. Als sie mich sahen, stießen sie einen Schrei aus und drängten sich um die Tür, schüttelten ihre Fäuste und johlten.

„Sie warten auf Sie, beobachten und beobachten alles", sagte der Gouverneur. „Sie sind die Verantwortlichen des Wachsamkeitskomitees. Da Sie jedoch entschlossen sind zu gehen, kann ich Sie nicht aufhalten."

„ Nennen Sie das ein zivilisiertes Land", rief ich, „und lassen Sie zu, dass ein Mann am helllichten Tag kaltblütig ermordet wird?"

Als ich das sagte, grinsten der Gouverneur, der Gefängnisdirektor und jeder Narr im Ort, als wäre das Leben eines Mannes ein seltener guter Witz.

„Sie haben das Gesetz auf Ihrer Seite", sagt der Gouverneur. „Wir werden Sie also nicht länger aufhalten. Begleiten Sie ihn hinaus, Wärter."

Er hätte es auch getan, dieser herzlose Schurke, wenn ich nicht gebettelt und gebetet und angeboten hätte, für meine Kost und Logis zu zahlen, was mehr ist, als je ein Gefangener vor mir getan hat. Er ließ mich unter diesen Bedingungen bleiben, und drei Monate lang war ich dort oben eingesperrt, während auf der anderen Seite der Mauer jeder Lausbub des Ortes lärmte. Das war eine nette Behandlung für einen Mann, der seinem Land gedient hatte!

Schließlich kam eines Morgens der Gouverneur wieder.

„Nun, Maloney“, sagte er, „wie lange werden Sie uns mit Ihrer Gesellschaft beehren?“

Ich hätte ihm ein Messer in seinen verfluchten Körper stoßen können und hätte es auch getan, wenn wir allein im Busch gewesen wären. Aber ich musste lächeln und ihm schmeicheln, denn ich fürchtete, er könnte mich hinausschicken lassen.

„Sie sind ein teuflischer Schurke“, sagte er; das waren seine Worte an einen Mann, der ihm nach Kräften geholfen hatte. „Ich will hier allerdings keine grobe Justiz; und ich glaube, ich sehe einen Weg, Sie aus Dunedin herauszubekommen.“

„Ich werde Sie nie vergessen, Gouverneur“, sagte ich. „Und bei Gott! Das werde ich nie.“

„Ich will weder Ihren Dank noch Ihre Anerkennung“, antwortete er. „Ich tue es nicht Ihretwegen, sondern nur, um in der Stadt für Ordnung zu sorgen. Morgen fährt ein Dampfer vom West Quay nach Melbourne ab, und wir werden Sie an Bord bringen. Er wird um fünf Uhr morgens angekündigt, also halten Sie sich bereit.“

Ich packte die wenigen Sachen zusammen, die ich hatte, und wurde kurz vor Tagesanbruch durch eine Hintertür hinausgeschmuggelt. Ich eilte hinunter, nahm mein Ticket auf den Namen Isaac Smith und gelangte sicher an Bord des Melbourne-Bootes. Ich erinnere mich, wie ich hörte, wie die Schraube ins Wasser knirschte, als die Ketten losgeworfen wurden, und wie ich auf die Lichter von Dunedin zurückblickte, während ich mich an die Reling lehnte, mit dem angenehmen Gedanken, dass ich sie für immer hinter mir lassen würde. Es kam mir vor, als läge eine neue Welt vor mir und als hätte ich alle meine Sorgen abgelegt. Ich ging nach unten und trank etwas Kaffee und kam wieder hoch und fühlte mich besser als seit dem Morgen, an dem ich aufgewacht war und den verfluchten Iren, der mich mit einem Sechsschüsser über mir stehen sah.

Mittlerweile war es Tag geworden und wir fuhren die Küste entlang, weit außer Sichtweite von Dunedin. Ich bummelte ein paar Stunden herum, und als die Sonne hoch aufgegangen war, kamen einige der anderen Passagiere an Deck und gesellten sich zu mir. Einer von ihnen, ein kleiner, keck wirkender Kerl, warf mir einen langen Blick zu, kam dann herüber und begann zu reden.

„Bergbau, nehme ich an?", sagt er.

„Ja", sage ich.

„Hast du deinen Stapel gemacht?", fragt er.

„Ziemlich fair", sage ich.

„Ich war selbst dabei", sagt er. „Ich habe drei Monate lang auf den Feldern von Nelson gearbeitet und alles, was ich verdiente, für den Kauf eines gesalzenen Claims ausgegeben, der am zweiten Tag brach. Ich habe es jedoch noch einmal versucht und bin reich geworden. Aber als der Goldwagen zu den Siedlungen hinunterfuhr, wurde er von diesen verfluchten Rangern überfallen und kein roter Cent war mehr übrig."

„Das war schlechte Arbeit", sage ich.

„Hat mich gebrochen – hat mich völlig ruiniert. Macht nichts, ich habe gesehen, wie sie alle dafür gehängt wurden; das macht es leichter zu ertragen. Es gibt nur noch einen – den Schurken, der die Aussage gemacht hat. Ich würde glücklich sterben, wenn ich ihn treffen könnte. Es gibt zwei Dinge, die ich tun muss, wenn ich ihn treffe."

„Was ist das?", frage ich beiläufig.

„Ich muss ihn fragen, wo das Geld liegt – sie hatten nie Zeit, es zu verschwinden, und es ist irgendwo in den Bergen *versteckt*

– und dann muss ich ihm den Hals hinhalten und seine Seele hinabschicken, um sich den Männern anzuschließen, die er verraten hat."

Mir kam es so vor, als wüsste ich etwas über diesen *Cache* , und mir war zum Lachen zumute; doch er beobachtete mich, und mir fiel auf, dass er eine böse, rachsüchtige Gemütsart hatte.

„Ich gehe auf die Brücke", sagte ich, denn es war kein Mann, dessen Bekanntschaft ich besonders gern machen wollte.

Er wollte allerdings nichts davon hören, dass ich ihn verlasse. „Wir sind beide Bergleute", sagt er, „und wir sind Freunde für die Reise. Komm runter in die Bar. Ich bin nicht zu arm, um zu schreien."

Ich konnte ihm nicht abschlagen, und wir gingen zusammen unter; und damit fing der Ärger an. Was tat ich irgendjemandem auf dem Schiff an? Ich wollte nur ein ruhiges Leben, in dem ich die anderen in Ruhe lassen und selbst in Ruhe gelassen werden konnte. Kein Mensch könnte sich etwas Schöneres wünschen. Und nun hören Sie sich an, was dabei herauskam.

Wir gingen auf dem Weg zum Salon an der Vorderseite der Damenkabine vorbei, als ein Dienstmädchen – eine sommersprossige Geldteufelin – mit einem Baby im Arm herauskam. Wir huschten an ihr vorbei, als sie einen Schrei wie eine Eisenbahnpfeife ausstieß und das Kind beinahe fallen ließ. Meine Nerven zuckten zusammen, als ich diesen Schrei hörte, aber ich drehte mich um und bat sie um Verzeihung, wobei ich durchblicken ließ, dass ich dachte, ich hätte ihr auf den Fuß getreten. Ich wusste jedoch, dass das Spiel vorbei war, als ich ihr weißes Gesicht sah und sie an die Tür lehnte und mit dem Finger zeigte.

„Er ist es!", rief sie. „Er ist es! Ich habe ihn im Gerichtsgebäude gesehen. Oh, lass ihn dem Baby nichts antun!"

„Wer ist da?", fragten der Steward und ein halbes Dutzend andere in einem Atemzug.

„Er ist es – Maloney – Maloney, der Mörder – oh, bringt ihn weg – bringt ihn weg!"

Ich kann mich nicht mehr richtig erinnern, was in diesem Moment geschah. Die Möbel und ich schienen irgendwie durcheinander zu geraten, und es wurde geflucht und zertrümmert, und jemand schrie nach seinem Gold, und es gab ein allgemeines Stampfen. Als ich mich wieder ein wenig beruhigt hatte, steckte mir jemandes Hand im Mund. Aus dem, was ich später heraushörte, schloss ich, dass sie demselben kleinen Mann mit der bösartigen Art zu sprechen gehörte. Er holte etwas davon wieder heraus, aber das lag daran, dass die anderen mich würgten. Ein armer Kerl kann in dieser Welt nicht fair behandelt werden, wenn er einmal am Boden liegt – trotzdem glaube ich, dass er sich bis zu seinem Tod an mich erinnern wird – hoffentlich länger.

Sie schleppten mich aufs Achterdeck und hielten ein verdammtes Kriegsgericht ab – wohlgemerkt, *an mir* , der ich meine Kameraden verlassen hatte, um ihnen zu dienen. Was sollten sie mit mir machen? Manche sagten dies, manche sagten das; aber am Ende beschloss der Kapitän, mich an Land zu schicken. Das Schiff hielt an, sie ließen ein Boot zu Wasser, und ich wurde hineingehievt, während die ganze Bande mich über die Reling anschrie. Ich sah jedoch, wie der Mann, von dem ich gesprochen hatte, seine Hände fesselte, und ich hatte das Gefühl, dass es noch schlimmer sein könnte.

Ich änderte meine Meinung, bevor wir das Land erreichten. Ich hatte damit gerechnet, dass das Ufer verlassen sein würde und ich mich ins Landesinnere begeben könnte; aber das Schiff hatte zu nahe an den Landzungen angehalten, und ein Dutzend Strandläufer und dergleichen waren ans Wasser gekommen und starrten uns an, während sie sich fragten, was das Boot vorhatte. Als wir ans Ufer der Brandung kamen, rief der Steuermann sie an, und nachdem er laut verkündet hatte, wer ich sei, warfen er und seine Männer mich ins Wasser. Sie werden überrascht aussehen – Hals und Nacken in drei Meter tiefem Wasser, mit Haien so dicht wie grüne Papageien im Busch, und ich hörte sie lachen, als ich ans Ufer zappelte.

Ich merkte bald, dass es schlimmer war als je zuvor. Als ich durch das Unkraut hervorkrabbelte, packte mich ein großer Kerl in einem Samtmantel, und ein halbes Dutzend anderer umringte mich und hielt mich fest. Die meisten von ihnen sahen ganz einfache Kerle aus, und ich hatte keine Angst vor ihnen; aber da war einer mit einem Hut aus Kohlbäumen, der einen sehr bösen Gesichtsausdruck hatte, und der große Mann schien mit ihm befreundet zu sein.

Sie zogen mich den Strand hinauf, ließen mich los und standen im Kreis.

„Na, Kumpel“, sagt der Mann mit dem Hut, „wir haben hier in der Gegend schon eine Weile nach dir Ausschau gehalten.“

„Und das ist sehr nett von Ihnen“, antworte ich.

„Das ist nichts für euch“, sagt er. „Kommt, Jungs, was soll es sein – hängen, ertränken oder erschießen? Passt auf!“

Das sah ein bisschen zu sehr nach Geschäft aus. „Nein, das tust du nicht!“, sagte ich. „Ich stehe unter staatlichem Schutz und das wäre Mord.“

„So nennen sie es“, antwortete der im Samtmantel, fröhlich wie eine piepsende Krähe.

„Und du willst mich umbringen, weil ich ein Ranger bin?“

„Zum Teufel mit dem Ranger!“, sagte der Mann. „Wir werden dich hängen, weil du deine Kumpels angefeindet hast, und damit ist das Palaver beendet.“

Sie legten mir ein Seil um den Hals und zogen mich an den Rand des Busches. Dort gab es einige große Kasuare und Eukalyptusbäume, und auf einem davon warfen sie sich für die böse Tat nieder. Sie zogen das Seil über einen Ast, fesselten meine Hände und forderten mich auf, meine Gebete zu sprechen. Es schien, als wäre alles vorbei; aber die Vorsehung griff ein, um mich zu retten. Es klingt ganz nett, hier zu sitzen und davon zu erzählen, Sir; aber es war krass, da zu stehen und nichts als den Strand vor sich zu haben und die lange weiße Brandung, mit dem Dampfer in der Ferne und einer Horde blutrünstiger Schurken um einen herum, die nach dem Leben dürsten.

Ich hätte nie gedacht, dass ich der Polizei etwas Gutes schulden würde, aber sie haben mich dieses Mal gerettet. Ein Trupp von ihnen ritt von der Hawkes Point Station nach Dunedin, und als sie hörten, dass etwas im Gange war, kamen sie durch den Busch und unterbrachen die Veranstaltung. Ich habe in meinem Leben schon einige Musikkapellen gehört, Doktor, aber ich habe noch nie Musik gehört wie das Klirren der Sporen und des Geschirrs dieser Kutschen, wenn sie ins Freie galoppierten. Sie versuchten sogar damals, mich aufzuhängen, aber die Polizei war ihnen zu schnell; und der Mann mit dem Hut bekam einen Schlag mit der flachen Seite eines Schwertes über den Kopf. Ich wurde auf ein Pferd gespannt, und noch vor dem Abend fand ich mich in meinem alten Quartier im Stadtgefängnis wieder.

Der Gouverneur war jedoch nicht aufzugeben. Er war entschlossen, mich loszuwerden, und ich konnte es kaum erwarten, ihn endlich loszuwerden. Er wartete etwa eine Woche, bis die Aufregung nachließ, und schmuggelte mich dann mit Talg und Fellen an Bord eines Dreimastschoners nach Sydney.

Wir fuhren ohne Probleme weit hinaus aufs Meer und die Dinge begannen etwas rosiger auszusehen . Ich war jedenfalls sicher, dass ich das Gefängnis zum letzten Mal gesehen hatte. Die Mannschaft hatte eine ungefähre Vorstellung davon, wer ich war, und wenn es raues Wetter gegeben hätte, hätten sie mich wahrscheinlich über Bord geworfen; denn sie waren ein rauer, unwissender Haufen und hatten den Eindruck, dass ich dem Schiff Unglück brachte. Wir hatten jedoch eine gute

Überfahrt und ich landete sicher und wohlbehalten am Sydney Quay.

Jetzt hören Sie mal, was als nächstes geschah. Man sollte meinen, sie hätten es inzwischen satt, mich schlecht zu behandeln und mir zu folgen – nicht wahr? Nun, hören Sie mal zu. Anscheinend fuhr am selben Tag, als wir abreisten, ein verfluchter Dampfer von Dunedin nach Sydney auf und kam vor uns an und brachte die Nachricht, dass ich kommen würde. Gott sei Dank, sie hätten nicht eine Versammlung – eine regelrechte Massenversammlung – an den Docks einberufen, um darüber zu diskutieren, und ich marschierte gleich nach meiner Landung hinein. Sie ließen nicht lange mit meiner Verhaftung vergehen und ich hörte mir alle Reden und Resolutionen an. Wäre ich ein Prinz gewesen, hätte es nicht aufregender sein können. Am Ende waren sie sich einig, dass es nicht recht sei, Neuseeland seine Verbrecher seinen Nachbarn aufhalsen zu lassen, und dass ich mit dem nächsten Schiff wieder zurückgeschickt werden sollte. Also schickten sie mich wieder weg, als wäre ich ein verdammtes Paket; und nach einer weiteren 1.300 Kilometer langen Reise fand ich mich zum dritten Mal wieder an dem Ort wieder, von dem ich aufgebrochen war.

Zu diesem Zeitpunkt hatte ich angefangen zu glauben, dass ich den Rest meines Lebens damit verbringen würde, von einem Hafen zum anderen zu reisen. Jedermanns Hand schien sich gegen mich zu wenden, und es gab nirgendwo Frieden oder Ruhe. Als ich zurückkam, hatte ich es fast satt; und wenn ich in den Busch hätte gehen können, hätte ich es getan und es mit meinen alten Kumpels versucht. Sie waren jedoch zu schnell für mich und hielten mich hinter Schloss und Riegel; aber trotz ihnen gelang es mir, das *Versteck zu ergattern* , von dem ich Ihnen erzählt habe, und das Gold in meinen Gürtel einzunähen. Ich verbrachte einen weiteren Monat im Gefängnis, und dann schmuggelten sie mich an Bord eines Schiffes, das nach England fuhr.

Dieses Mal wusste die Mannschaft nicht, wer ich war, aber der Kapitän hatte eine ziemlich gute Idee, obwohl er mir nicht anmerken ließ, dass er einen Verdacht hegte. Ich vermutete von Anfang an, dass der Mann ein Schurke war. Wir hatten eine gute Überfahrt, abgesehen von ein oder zwei Stürmen vor dem Kap, und ich begann mich wie ein freier Mann zu fühlen, als ich den blauen Webstuhl der alten Heimat und das kecke kleine Lotsenboot aus Falmouth über die Wellen auf uns zutanzen sah. Wir fuhren den Kanal hinunter, und bevor wir Gravesend erreichten, hatte ich mit dem Lotsen vereinbart, dass er mich bei seiner Abreise mit an Land nehmen sollte. Zu diesem Zeitpunkt zeigte mir der Kapitän, dass ich Recht hatte, ihn für einen aufdringlichen, unangenehmen Mann zu halten. Ich packte meine Sachen, so wie sie waren, und ließ ihn ernsthaft mit dem Lotsen reden, während ich nach unten ging, um zu frühstücken. Als ich wieder auftauchte, waren wir schon ziemlich in der Flussmündung, und das Boot, mit dem ich an Land gehen sollte, hatte uns verlassen. Der Kapitän sagte, der Lotse hätte mich vergessen; aber das war zu dürftig und ich begann zu befürchten, dass alle meine alten Probleme wieder von vorne beginnen würden.

Es dauerte nicht lange, bis sich mein Verdacht bestätigte. Ein Boot schoss vom Flussufer herbei und ein großer Mann mit langem schwarzen Bart kam an Bord. Ich hörte, wie er den Maat fragte, ob sie nicht einen Schlammlotsen bräuchten, der sie in die Tiefe brächte, aber mir kam es so vor, als wüsste er mehr über Handschellen als übers Steuern, also hielt ich mich von ihm fern. Er kam jedoch über das Deck und machte eine Bemerkung zu mir, während er mich genau ansah. Ich mag neugierige Leute nie, aber ein neugieriger Fremder mit Leim um die Bartwurzeln ist das Schlimmste, was man ertragen kann, besonders unter diesen Umständen. Ich spürte, dass es Zeit für mich war zu gehen.

Ich bekam bald eine Chance und nutzte sie gut aus. Ein großes Kohlenschiff kam quer vor den Bug unseres Dampfers, und wir mussten die Geschwindigkeit auf ein Minimum reduzieren.

Achtern lag ein Lastkahn, und ich rutschte an einem Seil hinunter und war im Lastkahn, bevor mich jemand vermisste. Natürlich musste ich mein Gepäck zurücklassen, aber ich hatte den Gürtel mit den Goldklumpen um die Hüften, und die Chance, die Polizei von meiner Spur abzulenken, war mehr wert als ein paar Kisten. Jetzt war mir klar, dass der Lotse ebenso wie der Kapitän ein Verräter gewesen war und die Detektive auf mich gehetzt hatte. Ich wünschte oft, ich könnte diesen beiden Männern noch einmal über den Weg laufen.

Ich hing den ganzen Tag an dem Kahn herum, der den Fluss hinuntertrieb. Es war ein Mann darin, aber es war ein großes, hässliches Schiff, und seine Hände waren zu voll, um sich viel umzusehen. Gegen Abend, als es etwas dunkel wurde, machte ich mich auf den Weg zum Ufer und fand mich in einer Art Sumpfgebiet wieder, viele Meilen östlich von London. Ich war klatschnass und halb tot vor Hunger, aber ich stapfte in die Stadt, besorgte mir in einem Imbiss eine neue Ausrüstung und mietete mir nach dem Abendessen ein Bett in der ruhigsten Unterkunft, die ich finden konnte.

Ich wachte ziemlich früh auf – eine Angewohnheit, die man sich im Busch aneignet – und ich hatte Glück, dass ich das tat. Das Allererste, was ich sah, als ich durch einen Spalt im Fensterladen schaute, war einer dieser teuflischen Polizisten, der direkt gegenüber stand und zu den Fenstern hochstarrte. Er trug weder Epauletten noch ein Schwert wie unsere Fallen, aber trotzdem sah er irgendwie wie eine Familie aus und hatte denselben neugierigen Gesichtsausdruck. Ob sie mir die ganze Zeit folgten oder ob der Frau, die mir das Bett überließ, mein Aussehen nicht gefiel, ist mehr, als ich jemals herausfinden konnte. Er kam herüber, als ich ihn beobachtete, und notierte die Adresse des Hauses in einem Buch. Ich hatte Angst, dass er klingeln würde, aber ich nehme an, sein Befehl lautete einfach, ein Auge auf mich zu haben, denn nach einem weiteren gründlichen Blick auf die Fenster ging er die Straße hinunter weiter.

Ich sah, dass meine einzige Chance darin bestand, sofort zu handeln. Ich warf mir meine Kleider über, öffnete leise das Fenster, und nachdem ich mich vergewissert hatte, dass niemand in der Nähe war, ließ ich mich auf den Boden fallen und rannte, so schnell ich konnte. Ich war ungefähr zwei oder drei Meilen weit gekommen, als mir die Puste ausging. Als ich ein großes Gebäude sah, in dem Menschen ein- und ausgingen, ging ich ebenfalls hinein und stellte fest, dass es ein Bahnhof war. Ein Zug nach Dover, um das französische Schiff zu treffen, fuhr gerade ab, also nahm ich eine Fahrkarte und sprang in einen Wagen dritter Klasse.

Im Wagen saßen noch ein paar andere Kerle, unschuldig aussehende junge Bettler, allesamt. Sie begannen über dies und das zu reden, während ich ruhig in der Ecke saß und zuhörte. Dann fingen sie an, über England und das Ausland und dergleichen zu reden. Hören Sie mal, Doktor, das ist eine Tatsache. Einer von ihnen beginnt, über die Gerechtigkeit der englischen Gesetze zu schwadronieren. „Alles ist fair und überschaubar“, sagt er; „es gibt keine Geheimpolizei und auch keine Spionage wie im Ausland“, und noch viel mehr von dieser Art Geschwätz. Ziemlich hart für mich, nicht wahr, dem verdammten jungen Narren zuzuhören , während die Polizei mir wie mein Schatten folgte?

Ich kam ziemlich schnell in Paris an und wechselte dort etwas von meinem Gold, und ein paar Tage lang dachte ich, ich hätte es abgeschüttelt, und begann darüber nachzudenken, mich ein wenig auszuruhen. Ich brauchte es zu diesem Zeitpunkt, denn ich sah eher aus wie ein Geist als wie ein Mensch. Sie waren wohl noch nie von der Polizei verfolgt worden? Nun, Sie brauchen nicht beleidigt zu wirken, ich wollte Ihnen nichts Böses tun. Wenn das jemals der Fall gewesen wäre, wüssten Sie, dass es einen Mann auszehrt wie ein Schaf durch die Fäule.

Ich ging eines Abends in die Oper und nahm eine Loge, da ich sehr wohlhabend war. Ich kam gerade zwischen den Akten heraus, als ich einen Kerl traf, der im Gang herumlungerte. Das Licht fiel auf sein Gesicht und ich sah, dass es der

Schlammlotse war, der uns in der Themse zugestiegen war. Sein Bart war verschwunden, aber ich erkannte den Mann auf den ersten Blick, denn ich habe ein gutes Gedächtnis für Gesichter.

Ich sage Ihnen, Doktor, ich war einen Moment lang verzweifelt. Wären wir allein gewesen, hätte ich ihn erstechen können, aber er kannte mich gut genug, um mir nie die Gelegenheit dazu zu geben. Das war mehr, als ich noch ertragen konnte, also ging ich direkt auf ihn zu und zog ihn beiseite, wo wir frei von all den Faulenzern und Theaterbesuchern waren.

„Wie lange willst du das noch durchhalten?", fragte ich ihn.

Er schien einen Moment lang etwas nervös, aber dann sah er ein, dass es keinen Sinn hatte, um den heißen Brei herumzureden, und antwortete direkt:

„Bis Sie nach Australien zurückkehren", sagte er.

„Wissen Sie nicht", sagte ich, „dass ich der Regierung gedient habe und dafür begnadigt wurde?"

Er grinste über das ganze hässliche Gesicht, als ich das sagte.

„Wir wissen alles über Sie, Maloney", antwortete er. „Wenn Sie ein ruhiges Leben wollen, gehen Sie einfach dorthin zurück, wo Sie hergekommen sind. Wenn Sie hier bleiben, sind Sie ein gezeichneter Mann; und wenn Sie beim Stolpern erwischt werden, bekommen Sie mindestens eine lebenslange Haftstrafe. Freihandel ist eine feine Sache, aber der Markt ist zu voll von Männern wie Ihnen, als dass wir welche importieren müssten."

Mir schien, dass etwas an dem dran war, was er sagte, obwohl er es auf eine fiese Art ausdrückte. Seit einigen Tagen hatte ich eine Art Heimweh. Die Art der Leute war nicht meine Art. Sie starrten mich auf der Straße an; und wenn ich in eine Bar ging, hörten sie auf zu reden und gingen ein wenig weg, als wäre ich ein wildes Tier. Ich hätte auch lieber ein Pint alten Stringybark getrunken als einen Eimer voll ihrer Fuselschnaps. Es gab zu viel verdammte Schicklichkeit. Was nützte es, Geld zu haben, wenn man sich nicht so kleiden konnte, wie man wollte, und auch nicht ordentlich reinplatzen konnte? Man hatte kein Mitleid mit einem Mann, der ein bisschen herumschoss, wenn er schon halb überdreht war. Ich habe oft gesehen, wie ein Mann in Nelson mit weniger Krawall umgeworfen wurde, als sie über eine zerbrochene Fensterscheibe machen würden. Das Ding war langsam, und ich hatte es satt.

„Sie wollen, dass ich zurückgehe?", sagte ich.

„Ich habe den Befehl, so lange bei Ihnen zu bleiben, bis Sie das tun", antwortete er.

„Nun", sagte ich, „es ist mir egal. Ich verhandle nur, dass Sie den Mund halten und nicht verraten, wer ich bin, damit ich einen fairen Start habe, wenn ich dort ankomme."

Er war einverstanden, und wir fuhren am nächsten Tag nach Southampton, wo er mich wieder sicher abholte. Ich nahm eine Überfahrt nach Adelaide, wo mich wahrscheinlich niemand kannte, und ließ mich dort nieder, direkt unter der Nase der Polizei. Seitdem war ich dort und führte ein ruhiges Leben, abgesehen von kleinen Schwierigkeiten wie der, in der ich mich gerade befinde, und von diesem Teufel, dem tätowierten Tom aus Hawkesbury. Ich weiß nicht, was mich dazu gebracht hat, Ihnen das alles zu erzählen, Doktor, es sei denn, dass Einsamkeit einen Mann dazu bringt, zu plappern, wenn er die Gelegenheit dazu hat. Aber nehmen Sie meine Warnung ernst. Setzen Sie sich nie in den Dienst Ihres Landes, denn Ihr Land wird herzlich wenig für Sie tun. Lassen Sie sie einfach ihre eigenen Angelegenheiten regeln, und wenn sie Schwierigkeiten haben, einen Haufen Schurken aufzuhängen, dann tun Sie nichts, sondern lassen Sie sie in Ruhe ihr Bestes geben. Vielleicht werden sie sich nach meinem Tod daran erinnern, wie sie mich behandelt haben, und es wird ihnen leidtun, dass sie mich vernachlässigt haben. Ich war unhöflich zu Ihnen, als Sie hereinkamen, und habe ein bisschen über

Promiskuität geflucht: aber nehmen Sie mir das nicht übel, das ist eben meine Art. Sie werden allerdings zugeben, dass ich ab und zu Grund habe, ein bisschen empfindlich zu sein, wenn ich an alles denke, was passiert ist. Sie gehen doch nicht, oder? Nun, wenn Sie müssen, müssen Sie; aber ich hoffe, Sie werden mich gelegentlich besuchen, wenn Sie Ihre Runde machen. Oh, ich sage, Sie haben den Rest des Tabakstücks zurückgelassen, nicht wahr? Nein, es ist in Ihrer Tasche – das ist in Ordnung. Danke , Doktor, Sie sind ein guter Kerl und so schnell auf Anhieb zu haben wie jeder andere Mensch, den ich getroffen habe.

Ein paar Monate nachdem er seine Erlebnisse geschildert hatte, war Wolf Tone Maloneys Haftstrafe abgesessen und er wurde freigelassen. Lange Zeit sah und hörte ich nichts von ihm, und er war fast aus meinem Gedächtnis verschwunden, bis ich auf etwas tragische Weise an seine Existenz erinnert wurde. Ich hatte einen Patienten in einiger Entfernung auf dem Land behandelt und ritt zurück, wobei ich mein müdes Pferd zwischen den Felsbrocken entlangführte, die den Weg übersäten, und versuchte, meinen Weg durch die zunehmende Dunkelheit zu finden, als ich plötzlich an ein kleines Gasthaus am Wegesrand stieß. Als ich mein Pferd zur Tür führte, um mich zu vergewissern, bevor ich weiterging, hörte ich den Lärm einer heftigen Auseinandersetzung in der kleinen Bar.

Es schien einen Chor von Vorwürfen oder Protesten zu geben, über dem zwei mächtige Stimmen laut und wütend ertönten. Während ich lauschte, wurde es kurz still, zwei Pistolenschüsse ertönten fast gleichzeitig, und mit einem Krachen flog die Tür auf und zwei dunkle Gestalten stolperten ins Mondlicht. Sie rangen einen Moment lang in einem tödlichen Kampf miteinander und gingen dann gemeinsam zwischen den losen Steinen zu Boden. Ich war von meinem Pferd gesprungen und zerrte sie mit Hilfe eines halben Dutzends grober Kerle aus der Bar voneinander weg.

Ein Blick genügte, um mich davon zu überzeugen, dass einer von ihnen schnell starb. Er war ein stämmiger, kräftiger Kerl mit entschlossenem Gesichtsausdruck. Das Blut quoll aus einem tiefen Stich in seiner Kehle, und es war offensichtlich, dass eine wichtige Arterie durchtrennt worden war. Verzweifelt wandte ich mich von ihm ab und ging zu seinem Gegner hinüber. Er hatte einen Lungendurchschuss, schaffte es aber, sich auf seine Hand zu stützen, als ich näher kam, und spähte ängstlich in mein Gesicht. Zu meiner Überraschung sah ich vor mir die hageren Gesichtszüge und das flachsblonde Haar meines Gefängniskameraden Maloney.

„Ah, Doktor!“, sagte er, als er mich erkannte. „Wie geht es ihm? Wird er sterben?“

Er stellte die Frage so ernst, dass ich glaubte, er sei im letzten Moment nachgegeben und fürchtete, die Welt mit einem weiteren Mord auf dem Gewissen zu verlassen. Die Wahrheit jedoch zwang mich, traurig den Kopf zu schütteln und anzudeuten, dass die Wunde tödlich sein würde.

Maloney stieß einen wilden Triumphschrei aus, der ihm das Blut zwischen den Lippen hervorquellen ließ. „Hier, Jungs“, keuchte er zu der kleinen Gruppe um ihn herum. „In meiner Innentasche ist Geld. Verdammt, wie teuer! Trinkrunde. Ich bin nicht gemein. Ich würde mit euch trinken, aber ich gehe. Gebt dem Doc meinen Anteil, denn er ist genauso gut –“ Dann fiel sein Kopf mit einem dumpfen Schlag zurück, sein Blick wurde glasig, und die Seele von Wolf Tone Maloney, Fälscher, Sträfling, Ranger, Mörder und Regierungsprinz, trieb ins große Unbekannte.

Ich kann nicht schließen, ohne den Bericht über den tödlichen Streit zu verwenden, der in der Kolumne des *West Australian Sentinel erschien* . Neugierige finden ihn in der Ausgabe vom 4. Oktober 1881 :

„Tödliche Schlägerei.—WT Maloney, ein bekannter Bürger von New Montrose, und Besitzer des Yellow Boy Spielsalons,

ist unter ziemlich schmerzlichen Umständen ums Leben gekommen.

Mr. Maloney war ein Mann, der ein bewegtes Leben geführt hatte, und

deren Vergangenheit voller interessanter Dinge steckt. Einige unserer

Leser erinnern sich vielleicht an die Morde im Lena-Tal, bei denen er

als Haupttäter auftrat . Man vermutet, dass

während der sieben Monate, in denen er eine Bar in dieser Region besaß,

zwanzig bis dreißig Reisende wurden verflucht und weggebracht

mit . Es gelang ihm jedoch, der Wachsamkeit von

die Beamten des Gesetzes, und verbündete sich mit den

Bushranger von Bluemansdyke , deren heldenhafte Gefangennahme und

spätere Hinrichtungen sind eine Frage der Geschichte. Maloney

entzog sich dem Schicksal, das ihn erwartete, indem er

Beweis der Königin. Später besuchte er Europa, aber

kehrte nach Westaustralien zurück, wo er lange Zeit als

prominente Rolle in lokalen Angelegenheiten. Am Freitagabend

begegnete einem alten Feind, Thomas Grimthorpe , allgemein bekannt

als tätowierter Tom aus Hawkesbury.

„Es kam zu Schüssen, und beide wurden schwer verletzt, nur

überlebte ein paar Minuten. Mr. Maloney hatte den Ruf,

Er ist nicht nur der größte Mörder aller Zeiten,

sondern auch eine Verarbeitung und Liebe zum Detail in

Beweisangelegenheiten , die noch nie von einem

Europäischer Verbrecher. „Sic transit gloria mundi!"

9 789359 941264

Printed at Repro India Ltd.